Caderno do Futuro

Simples e prático

História e Geografia

3º ano
ENSINO FUNDAMENTAL

3ª edição
São Paulo – 2013

IBEP

Coleção Caderno do Futuro
História e Geografia
© IBEP, 2013

Diretor superintendente	Jorge Yunes
Gerente editorial	Célia de Assis
Editor	Renata Regina Buset
Assessora pedagógica	Valdeci Loch
Assistente editorial	Fernanda Santos
Revisão	André Tadashi Odashima
	Berenice Baeder
	Luiz Gustavo Bazana
	Maria Inez de Souza
Coordenadora de arte	Karina Monteiro
Assistente de arte	Marilia Vilela
	Tomás Troppmair
	Nane Carvalho
	Carla Almeida Freire
Coordenadora de iconografia	Maria do Céu Pires Passuello
Assistente de iconografia	Adriana Neves
	Wilson de Castilho
Ilustrações	Dawidson França
Produção gráfica	José Antônio Ferraz
Assistente de produção gráfica	Eliane M. M. Ferreira
Projeto gráfico	Departamento de Arte Ibep
Capa	Departamento de Arte Ibep
Editoração eletrônica	N-Publicações

CIP-BRASIL. CATALOGAÇÃO-NA-FONTE
SINDICATO NACIONAL DOS EDITORES DE LIVROS, RJ

P32h

Passos, Célia
   História e Geografia : 3° ano / Célia Maria Costa Passos, Zeneide Albuquerque Inocêncio da Silva. - 3. ed. - São Paulo : IBEP, 2012.
   il. ; 28 cm.   (Novo caderno do futuro)

   ISBN 978-85-342-3516-7 (aluno) - 978-85-342-3521-1 (mestre)

   1. História - Estudo e ensino (Ensino fundamental). 2. Geografia - Estudo e ensino (Ensino fundamental). I. Silva, Zeneide II. Título. III. Série.

12-8652.   CDD: 372.89
                                                              CDU: 373.3.0162:930

27.11.12 28.11.12   040990

3ª edição - São Paulo - 2013
Todos os direitos reservados.

IBEP

Av. Alexandre Mackenzie, 619 - Jaguaré
São Paulo - SP - 05322-000 - Brasil - Tel.: (11) 2799-7799
www.editoraibep.com.br   editoras@ibep-nacional.com.br

Impresso na Gráfica FTD

SUMÁRIO

BLOCO 1 04
A comunidade

BLOCO 2 09
A comunidade familiar

BLOCO 3 12
A escola
O caminho para a escola

BLOCO 4 21
O município
Zona urbana e zona rural
A cidade
O bairro
Os serviços públicos

BLOCO 5 40
O trabalho

BLOCO 6 51
As diversões

BLOCO 7 53
Os meios de transporte

BLOCO 8 61
Os meios de comunicação

BLOCO 9 66
Orientação

BLOCO 10 71
Ambiente
Relevo
Vegetação
Clima

BLOCO 11 83
O ser humano modifica o meio em que vive

BLOCO 12 86
Festas e datas comemorativas

BLOCO 1

CONTEÚDO:
- A comunidade

- A ONU (organização das Nações Unidas) criou a **Declaração Universal dos Direitos da Criança**, escrita em 1959.
- Essa Declaração assegura que todas as crianças tenham direitos iguais. Elas não podem sofrer distinção ou discriminação por motivo de raça, cor, sexo, língua, religião.

Lembre que:

- Comunidade é um grupo de pessoas que vive em um mesmo local, trabalhando, divertindo-se ou realizando atividades em conjunto.
- Em uma comunidade, todas as pessoas têm direitos e deveres.
- Direitos do cidadão: trabalhar; estudar numa escola qualificada; alimentar-se diariamente; morar com dignidade; ter lazer, entre outros.
- Deveres do cidadão: respeitar as normas da sociedade; respeitar as leis do país; zelar pelos bens públicos; respeitar as outras pessoas, entre outros.
- Há vários tipos de comunidade: familiar, dos moradores de uma rua ou bairro, escolar, religiosa etc.

DECLARAÇÃO UNIVERSAL DOS DIREITOS DA CRIANÇA

1 A criança tem direito à igualdade, sem distinção de raça, religião ou nacionalidade.

2 A criança tem direito de ser compreendida, deve ter oportunidade de se desenvolver em condições de igualdade de oportunidades, com liberdade e dignidade.

3 A criança tem direito a um nome e a uma nacionalidade.

4 A criança tem direito à alimentação, direito de crescer com saúde, e a mãe deve ter cuidados médicos antes e depois do parto.do Sol que são nocivos para os seres vivos.

5 A criança deficiente tem direito à educação e cuidados especiais.

6 A criança tem direito ao amor e à compreensão, deve crescer sob a proteção dos pais, com afeto e segurança para desenvolver a sua personalidade.

7 A criança tem direito à educação, para desenvolver as suas aptidões, suas opiniões e o seu sentimento de responsabilidade moral e social.

8 A criança em qualquer circunstância deve ser a primeira a receber proteção e socorro.

9 A criança não deve ser abandonada, espancada ou explorada, não deve trabalhar quando isso atrapalhar a sua educação, saúde e o seu desenvolvimento físico, mental ou moral.

10 A criança deve ser protegida do preconceito, deve ser educada com o espírito de amizade entre os povos, de paz e fraternidade, deve desenvolver as suas capacidades para o bem do seu semelhante.

1. Responda:

a) O que é uma comunidade?

b) Numa comunidade familiar, assim como em outras comunidades, as pessoas dependem umas das outras para viver em harmonia. Escreva o que as pessoas de sua família fazem para colaborar com a organização familiar.

c) Como devem viver as pessoas de uma comunidade?

d) O que são direitos?

e) O que são deveres?

2. Escreva dois direitos e dois deveres do cidadão.

3. Escreva um direito e um dever que você tem em sua casa.

- Direito

- Dever

4. Escreva alguns direitos e deveres que você tem em sua escola.

- Direitos

- Deveres

5. Vamos ver se você é mesmo um cidadão. Responda à pesquisa abaixo:

a) Numa fila, para comprar lanche, um colega passa na sua frente. Você:

☐ empurra-o, dizendo: sai pra lá!

☐ conversa com ele, explicando que você tem o direito de comprar lanche primeiro.

☐ grita e arma uma grande confusão.

b) Quando usa um telefone público danificado, você:

☐ termina de danificar o que resta.

☐ chuta-o com raiva, reclamando.

☐ lamenta o fato de as pessoas não cuidarem dos bens públicos.

c) Seu colega está explicando algo que aconteceu para toda a turma. Você:

☐ interrompe-o, sem pedir licença.

☐ escuta-o e depois dá a sua opinião.

☐ sai da sala, como se nada estivesse acontecendo.

6. Releia a Declaração Universal dos Direitos da Criança. Copie dois direitos e ilustre-os:

7. Todos nós passamos por experiências boas e ruins.

É importante:
- respeitar a opinião do outro;
- partilhar ideias e sentimentos;
- ajudar a descobrir caminhos para melhorar a vida.

Escreva uma experiência que você viveu recentemente e que valha relembrar:

BLOCO 2

CONTEÚDO:
- A comunidade familiar

Lembre que:

- A família é uma pequena comunidade. É o primeiro grupo do qual fazemos parte.
- As famílias são diferentes: podem ser grandes ou pequenas.
- Algumas famílias, ou comunidade familiar são formadas pelo pai, pela mãe e pelos filhos.
  Em outras, os filhos moram ou com o pai ou com a mãe. Há casos em que as crianças moram com os avós ou outros parentes.
- Os parentes, avós paternos e maternos, tios, tias, primos e primas, também fazem parte da família.
- O sobrenome indica a que família a pessoa pertence.
- Toda família tem sua história.
- Em uma família todos devem colaborar.

1. Responda:

a) Qual foi o primeiro grupo do qual você fez parte?

b) Você conhece ou faz parte de uma família que não seja formada por mãe, pai e filhos? Como ela é formada?

c) Quais são os parentes que fazem parte da sua família?

2. Procure saber onde nasceram seus pais e escreva o que você descobriu.

9

3. Escreva seus dados pessoais.

Dica: use sua certidão de nascimento para ajudá-lo.

- Nome _____
_____

- Idade _____ • Sexo _____

- Data do nascimento _____

- Cidade onde nasci _____
_____
_____

- Horário e local do nascimento (casa ou hospital) _____
_____

- A cor da minha pele é _____, a dos meus olhos é _____ e os meus cabelos são _____.

- Altura e peso _____
_____

- Nome dos pais _____
_____
_____
_____

- Nome dos avós _____
_____
_____
_____

- Endereço completo _____
_____
_____
_____
_____

4. As pessoas realizam muitas atividades no seu dia a dia. E você?

a) A que horas você acorda?

b) O que faz durante o dia?

- Pela manhã

- À tarde

- À noite

c) Escreva sobre algo que você e sua família fazem juntos.

5. Monte sua agenda, escrevendo o que você faz durante a semana.

Segunda-feira	Terça-feira
Quarta-feira	Quinta-feira
Sexta-feira	Sábado
Domingo	

BLOCO 3

CONTEÚDOS:
- A escola
- O caminho para a escola

Lembre que:

- Frequentar a escola é um direito de toda criança.

- A escola também é uma comunidade.

- A **comunidade escolar** é formada pelos alunos, professores e funcionários da escola.

- As escolas também têm uma história: data de sua criação, patrono, data em que começou a funcionar, primeiros professores, alunos e funcionários, primeira turma a se formar etc.

- Há escolas grandes, com muitas salas de aula e outras dependências, e escolas pequenas, com poucas salas de aula e dependências.

1. Pesquise informações sobre a sua escola.

   a) Escreva os dados de sua escola.

   - Nome da escola

   - Patrono

   - Data de início do funcionamento

   - Endereço

   - Bairro

   - Cidade

   - Estado

- Telefone

- Número de salas de aula

- Número de sanitários

- Outras dependências

b) Escreva a história do patrono que dá nome à sua escola.

c) Escreva o nome das ruas que rodeiam a sua escola.

d) Escreva o nome completo da sua professora, do diretor e de outros funcionários da escola.

- Professor(a):

- Diretor(a):

Outros funcionários:

- Nome:

- Função:

- Nome:

- Função:

- Nome:

- Função:

2. Observe bem cada detalhe da sua sala de aula e escreva o nome dos objetos que tenham formas:

triangulares	redondas

quadradas	retangulares

3. O que você acha da sua escola? Justifique.

4. Se você estudasse numa escola em que tudo estivesse danificado (banheiro, portão, canteiros etc.), que atitude teria? Por quê?

Lembre que:

- A sala de aula deve ser agradável, para que todos se sintam bem.
- Geralmente em uma sala de aula há: lousa, mesa e cadeira do professor, carteiras dos alunos, armário, mapas e cesto de lixo.
- Em uma sala de aula pode haver muitos ou poucos alunos.
- Os alunos devem: respeitar os colegas, ser educados e gentis com os companheiros, ser responsáveis, colaborar, compartilhar materiais, tarefas e ideias.

5. Como é a sua sala de aula?

6. Como deve ser a sala de aula?

7. Faça um levantamento de quantos alunos há em sua classe e escreva o nome daqueles com quem você costuma estudar, conversar ou brincar.

Lembre que:

- Em uma escola trabalham:
    - o diretor ou a diretora;
    - a coordenadora e a orientadora;
    - os professores;
    - os funcionários da secretaria;
    - as merendeiras;
    - os serventes;
    - o porteiro;
    - o zelador.

- Tanto os funcionários como os alunos têm direitos e deveres.

- **Direitos** dos funcionários da escola:
    - ser respeitado;
    - trabalhar em um ambiente limpo e seguro;
    - receber material necessário ao seu trabalho;
    - receber um salário justo.

- **Deveres** dos funcionários da escola:
    - respeitar os alunos e demais funcionários;
    - conhecer bem o seu trabalho;
    - cooperar para o bom funcionamento da escola;
    - ser responsável pelo seu trabalho;
    - ser pontual e não faltar sem um motivo justo.

- **Direitos** do aluno:
    - ser respeitado e ter segurança;
    - receber educação de qualidade;
    - ter professores competentes;
    - ter um lugar na sala de aula;
    - ter uma escola limpa e agradável.

- **Deveres** do aluno:
    - respeitar e tratar bem os colegas, os funcionários da escola e os professores;
    - estudar e fazer as lições;
    - cuidar do material escolar;
    - não faltar às aulas sem uma razão justa;
    - zelar pela limpeza e conservação da escola.

8. Discuta com seus colegas de classe os direitos e os deveres dos alunos e faça um resumo do que foi conversado.

9. Faça uma entrevista com uma pessoa que trabalha em sua escola, seguindo o roteiro abaixo:

a) Qual é o seu nome?

b) Qual é a sua profissão?

c) Há quanto tempo trabalha nessa profissão?

d) Por que escolheu essa profissão?

e) Quais são os instrumentos que usa no seu trabalho?

f) Você gosta do que faz? Por quê?

g) Quais são as dificuldades que você encontra no seu trabalho? Por quê?

h) Como nós, alunos, podemos colaborar para melhorar o seu trabalho?

10. Leia e ilustre o 7º princípio da Declaração Universal dos Direitos da Criança e do Adolescente:

> A criança tem direito à educação, para desenvolver as suas aptidões, suas opiniões e o seu sentimento de responsabilidade moral e social.

Lembre que:

- Na cidade, os alunos que moram longe da escola costumam ir de ônibus, de carro, de metrô etc. Podem passar por ruas, praças, avenidas, jardins, igrejas, bancos etc.

- Os alunos que moram no campo podem ver estradas, pontes, morros, rios, animais, pastos, sítios etc. Costumam ir da casa para a escola a pé, a cavalo, de carroça, charrete, de bicicleta... Alguns usam canoas ou balsas.

11. Escreva uma lista do que um aluno pode ver no trajeto (caminho) para a escola.

a) Aluno que mora na cidade.

b) Aluno que mora no campo.

12. Responda:

a) Você mora perto ou longe da escola?

b) Como você vai para a escola: a pé ou com algum meio de transporte?

c) Sua escola fica na cidade ou no campo?

d) O que você vê no caminho para a escola?

19

e) Com quem você costuma ir para a escola?

f) Quanto tempo você leva para chegar à escola?

13. Escolha uma pessoa que seja mais velha que você e pergunte como ela ia à escola. Com suas palavras, escreva a resposta.

14. Desenhe o trajeto que você faz da sua casa até a escola. Não se esqueça de indicar as principais referências que há no caminho.

BLOCO 4

CONTEÚDOS:
- O município
- Zona urbana e zona rural
- A cidade
- O bairro
- Os serviços públicos

Lembre que:
- O Brasil está dividido em estados.
- Os estados estão divididos em áreas menores, chamadas municípios.
- O município é formado pela zona urbana (cidade) e, muitas vezes, pela zona rural (campo).
- Quem governa o município é o prefeito, ajudado pelos secretários.
- Na ausência do prefeito, quem governa o município é o vice-prefeito.
- Os vereadores compõem a Câmara Municipal e fazem as leis municipais.
- O prefeito, o vice-prefeito e os vereadores são eleitos pelo povo, por meio do voto secreto.

1. Como o Brasil está dividido?

2. O que é município?

3. Como é formado o município?

4. Complete:

a) O _____ governa o município ajudado pelos _____.

Ele trabalha na _____.

b) Na ausência do _____, quem governa o município é o _____.

21

c) Os vereadores fazem
   .

   Eles compõem a
   .

d) O povo elege o   ,
   o
   e os   por meio
   do   .

5. Pesquise com pessoas de sua família a respeito de algum morador antigo que tenha vivido sua infância no bairro onde mora, e peça que ele descreva as principais melhorias que contribuíram com o crescimento de seu bairro. Faça as anotações abaixo.

6. Registre informações sobre seu município.

- Nome do município

- Nome do prefeito

- Nome de um vereador

- Nome de uma praça

- Nome de uma avenida

Lembre que:

- As pessoas moram na cidade (comunidade urbana) ou no campo (comunidade rural).

- **Na cidade (zona urbana):**
  - As pessoas moram em casas e apartamentos localizados em ruas, avenidas ou praças.
  - As pessoas trabalham em lojas, bancos, hospitais, fábricas etc.
  - Contam com serviços de eletricidade, água e esgoto tratados, transporte coletivo, comércio variado, bancos, entre outros.

- **No campo (zona rural):**
  - As pessoas moram em sítios, chácaras, fazendas ou granjas.
  - A maioria das pessoas trabalha cuidando da lavoura e do gado.
  - Aqueles que cuidam da lavoura são chamados agricultores ou lavradores.
  - As pessoas que se dedicam à criação do gado são chamadas pecuaristas.
  - Pessoas que se dedicam à criação de aves são avicultores.

7. Complete as frases:

a) As pessoas que moram na cidade formam a _____. As pessoas que moram no campo, em sítios, chácaras, fazendas etc. formam a _____.

b) Aqueles que cuidam da lavoura são chamados _____ ou _____.

c) Os _____ se dedicam à criação do gado, como bois, cavalos, cabras, porcos etc.

8. Responda:

a) Você mora em uma comunidade urbana ou rural?

b) Em que lugar você mora (casa, apartamento, sítio, fazenda etc.)?

23

9. Para você, como é o trabalho:

   a) no campo?

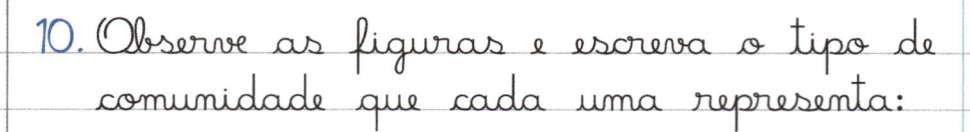

   b) na cidade?

10. Observe as figuras e escreva o tipo de comunidade que cada uma representa:

a)

b)

c)

24

11. Procure em revista figuras que retratem a vida na zona rural e a vida na zona urbana. Cole-as nos espaços correspondentes:

Zona rural

Zona urbana

Lembre que:

- As cidades surgem da reunião de moradias distribuídas em ruas, praças e avenidas.

- As ruas, praças e avenidas têm nomes para facilitar sua localização.

- Quarteirão é um grupo de casas que forma uma quadra, da qual cada um dos lados dá para uma rua.

- O centro é, quase sempre, a parte mais movimentada da cidade porque nele se concentra o comércio.

- Há cidades grandes e pequenas.

- Nas cidades grandes, o movimento de pessoas e veículos é mais intenso.

- Nas cidades pequenas, o movimento é menor.

12. Responda:

a) Como surgem as cidades?

b) Por que o centro é a parte mais movimentada da cidade?

13. Faça uma pesquisa para saber quantos alunos de sua classe moram no bairro da escola, quantos moram em outros bairros e quantos moram no centro da cidade. Escreva os resultados:

Moram no bairro da escola	____ alunos
Não moram no bairro da escola	____ alunos
Moram no centro da cidade	____ alunos

14. Represente as informações em um gráfico.

🟩 moram no bairro

🟨 não moram no bairro

🟧 moram no centro

15. Vamos conhecer melhor a sua cidade? Responda:

a) Qual é o nome da sua cidade?

b) Em que data ela foi fundada?

c) O local onde você mora fica longe ou perto do centro da cidade?

d) Partindo de sua casa, dá para ir até lá a pé ou você tem de ir com transporte?

e) De sua casa, quanto tempo aproximadamente leva para chegar ao centro?

16. Qual é a parte da sua cidade de que você mais gosta? Por quê?

17. Pensando nas características da cidade em que você vive, dê sua opinião.

a) O que acha bom?

b) O que acha ruim?

18. Escreva o nome de:

a) um supermercado.

b) uma linha de ônibus.

c) uma escola.

d) uma praça.

e) uma loja.

f) uma padaria.

g) um time de futebol.

h) uma fábrica.

19. Recorte de revistas uma ou mais fotos de sua cidade e cole-as abaixo. Você também pode usar cartões-postais ou fazer um desenho.

Lembre que:

- O bairro é uma parte da cidade.
- Nas cidades grandes há muitos bairros.
- Quando um bairro fica muito afastado do centro da cidade, dizemos que ele fica na periferia ou no subúrbio.
- Os bairros podem ser:
  - Residenciais: a maior parte das casas é de residências.
  - Comerciais: predominam os estabelecimentos comerciais.
  - Industriais: são aqueles onde há muitas fábricas.
- Associação de Amigos do Bairro: grupo de moradores para lutar por melhorias no bairro.

20. Responda:

a) O que é o bairro?

b) Como podem ser os bairros em relação ao centro da cidade?

c) O que encontramos num bairro residencial?

d) O que encontramos num bairro comercial?

e) O que encontramos num bairro industrial?

f) Em que tipo de bairro você mora: residencial, comercial ou industrial?

21. Desenhe ou cole figuras que representem os tipos de bairro:

Residencial

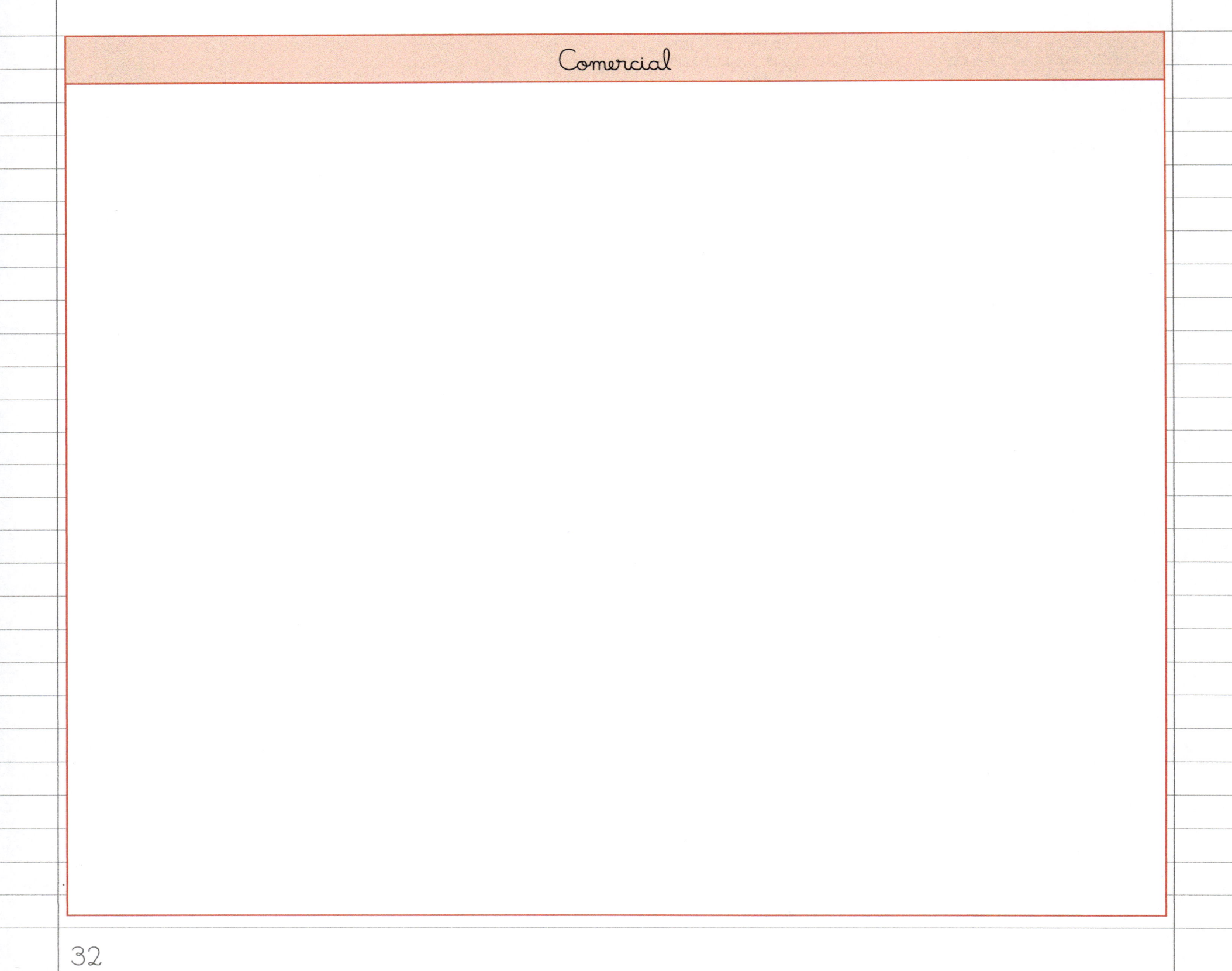

Comercial

Industrial

22. Descreva o bairro onde você mora.

23. Faça uma entrevista com um líder de uma associação de bairro. Siga o roteiro abaixo:

a) Como se formou a associação dos moradores?

b) Qual é o local, o dia e a hora das reuniões da associação?

c) Que assuntos são discutidos nas reuniões?

d) Quais são os direitos e os deveres dos associados?

e) As crianças participam dessa associação? Como?

24. Monte em sua escola uma exposição com as entrevistas de toda a turma.

Lembre que:

- O dinheiro arrecadado pelo pagamento dos impostos e taxas deve ser usado para melhorar as condições de vida, oferecer segurança à população, pagar aos funcionários que prestam serviço à comunidade.

- Taxas são os pagamentos sobre a água, o esgoto, a coleta de lixo etc.

- Impostos são pagamentos sobre as propriedades (casas, veículos etc.), calçamento etc.

- Serviços públicos prestados pela prefeitura.
    - construção de redes de água e esgoto;
    - tratamento da água para beber e do esgoto;
    - coleta de lixo;
    - calçamento, limpeza e arborização de ruas, praças etc.;
    - construção e conservação de estradas, pontes etc.;
    - serviços de transporte;
    - construção de creches, escolas, bibliotecas públicas etc.;
    - construção e funcionamento de postos de saúde, prontos-socorros, hospitais públicos;
    - criação e conservação de áreas de lazer, como parques, teatros etc.

- Servidores públicos são as pessoas que trabalham nos serviços públicos da prefeitura, do governo do estado ou do governo do país.

25. Responda:

a) O que os governos devem fazer com o dinheiro arrecadado com o pagamento de impostos e taxas?

35

b) Que serviços públicos devem ser prestados pelas prefeituras?

26. Complete as frases abaixo com as palavras do quadro:

> correios - departamento de trânsito
> polícia - posto de saúde
> corpo de bombeiros

a) O _____ apaga os incêndios.

b) No _____, aplicam-se vacinas.

c) A _____ é encarregada de manter a segurança pública.

d) Os _____ fazem a entrega de correspondências.

e) O _____ controla o trânsito.

27. Complete as frases com as palavras do quadro.

> escolas - água - creches - esgoto
> praças - parques - avenidas

Alguns serviços públicos de uma cidade são:

a) Construção de rede de _____ e _____.

b) Construção de _____, _____, bibliotecas e _____ públicos.

c) Arborização de ruas, _____ e _____.

28. Desenhe ou cole figuras que representem alguns dos serviços públicos existentes em sua cidade:

29. Faça uma pesquisa sobre o seu município, seguindo o roteiro abaixo:

a) Nome do município.

b) Número de habitantes.

c) Nome do prefeito.

d) Nome do vice-prefeito.

e) Número de vereadores.

f) Quantas secretarias tem e quais são elas?

g) Qual é o valor da arrecadação de impostos?

h) Obras feitas no último ano.

i) Principais serviços públicos oferecidos pela prefeitura.

30. Pesquise:

a) Quais são os principais problemas do seu bairro?

b) Os moradores já se organizaram para resolvê-los? O que fizeram?

31. Observe o lugar onde você mora. Ele tem:

Posto de saúde? ☐ sim ☐ não

Limpeza pública? ☐ sim ☐ não

Boas condições de higiene? ☐ sim ☐ não

Saneamento básico? ☐ sim ☐ não

Qualidade de água? ☐ sim ☐ não

Boa distribuição de alimentos? ☐ sim ☐ não

Destino certo para o lixo? ☐ sim ☐ não

Se você mora num lugar onde todas essas exigências são cumpridas, considere-se bem atendido.
Mas o que pode ser feito para melhorar as condições de vida para todos?

BLOCO 5

CONTEÚDO:
- O trabalho

Lembre que:

- As pessoas trabalham. A ocupação ou a atividade que cada pessoa exerce é chamada profissão.

- Todo trabalhador deve possuir a carteira profissional. É um documento de grande valor.

- Na carteira profissional estão registrados: o tipo de atividade que o trabalhador exerce, dados sobre o empregador, o tempo de serviço, dispensas e outras informações.

- Autônomos: são profissionais que trabalham sem registro em carteira.

- Todas as profissões são importantes.

- As profissões são diferentes na cidade e no campo.

1. O que é profissão? Cite três profissões e escreva o tipo de trabalho que esses profissionais realizam.

2. Complete as lacunas:

a) Todo trabalhador deve possuir _____, que é um documento _____.

b) Na carteira profissional estão registrados: _____, _____, _____, e outras informações.

c) Os _____ são profissionais que trabalham sem registro em _____.

3. Responda:

a) O que você pode fazer, como criança, para garantir o seu futuro? Justifique.

b) Você sabe qual é o valor do salário mínimo atual?

c) Esse salário é suficiente para sustentar sua família? Explique.

d) Na sua opinião, como se sente uma pessoa desempregada?

4. Escreva o nome do local de trabalho e da profissão das pessoas representadas nos quadrinhos:

Lembre que:

- Na cidade as pessoas trabalham em indústrias, comércio, bancos, escolas, hospitais etc.
- Alguns profissionais que trabalham na cidade:
  - Operários: trabalham nas fábricas, nas montadoras e nas construções;
  - Mecânicos: trabalham na montagem e no conserto de máquinas e motores.
- Outros profissionais que trabalham na cidade: bombeiros, feirantes, tintureiros, jornaleiros, advogados, entregadores de mercadorias, farmacêuticos, jornalistas, bancários, pedreiros etc.
- Servidores públicos são pessoas que trabalham nos serviços públicos da prefeitura, do governo do estado ou do governo do país.

5. Preencha o diagrama com as respostas:

a) Qual é o nome do trabalhador da fábrica?

b) Qual é o nome do trabalhador que conserta máquinas?

c) Qual é o lugar onde muitas pessoas vivem e desempenham suas profissões?

d) Qual é o nome do trabalhador que coleta o lixo?

6. Quem são os servidores públicos?

42

7. Pesquise em jornais ou revistas imagens de profissões típicas da cidade e do campo. Depois, recorte-as e cole-as no espaço abaixo.

Lembre que:

- Na cidade, há pessoas que trabalham em indústrias ou fábricas.
- As indústrias transformam matérias-primas em produtos industrializados:
  - matéria-prima: é o material que a natureza fornece;
  - produto industrializado: é aquele já transformado pelas máquinas.
- Os trabalhadores das indústrias chamam-se operários.
- Os donos das indústrias são chamados industriais.

8. Responda:

a) O que é matéria-prima?

b) Onde é transformada a matéria-prima?

9. Indique qual dessas matérias-primas foi usada para fazer os seguintes produtos:

> carne - ferro - leite
> couro - trigo - milho

a) farinha, macarrão, biscoito, pão:

b) manteiga, queijo, iogurte:

c) salame, presunto, linguiça:

d) farinha, óleo, ração:

e) faca, tesoura, automóvel:

10. Procure em jornais e revistas fotos de produtos feitos pelas matérias-primas que aparecem no quadro a seguir. Recorte-as e cole-as abaixo:

trigo	milho
carne	ferro
leite	couro

11. Classifique as palavras abaixo segundo o código:

mp = matéria-prima
pi = produto industrializado

☐ algodão ☐ ovos
☐ tecido   ☐ barro
☐ chocolate ☐ tijolo
☐ cacau   ☐ madeira
☐ milho   ☐ móvel de madeira
☐ fubá   ☐ óleo de soja
☐ uva   ☐ soja

- Os produtos vendidos no comércio podem vir da indústria ou do campo.
- **Consumidores** são as pessoas que compram os produtos.
- É dever do consumidor verificar, na hora da compra, se o prazo de validade do produto não está vencido e se o produto tem garantia contra defeitos de fabricação.

12. Responda:

a) O que é comércio?

b) Como se chama o lugar onde compramos produtos?

c) O que são comerciantes?

Lembre que:

- Nas cidades também há pessoas que trabalham no comércio.
- Comércio é o setor responsável pela compra e venda de produtos.
- As pessoas que trabalham no comércio são os **comerciários**.
- Os donos das casas comerciais são os comerciantes.
- Chamamos de casas comerciais os lugares que compram e vendem produtos, como lojas, farmácias, livrarias, padarias, supermercados etc.

d) Como se chamam as pessoas que trabalham nas casas comerciais?

13. Escreva o nome de algumas profissões ligadas:

a) à saúde.

b) ao comércio.

c) à educação.

d) à comunicação falada e escrita.

e) ao transporte.

f) à indústria.

14. Faça uma pesquisa na rua onde você mora, nas ruas vizinhas de sua casa e na rua de sua escola. Depois, escreva o nome dos tipos de estabelecimentos comerciais que você encontrou.

47

15. Entreviste uma pessoa que more com você e responda:

a) Alguma vez ela comprou um produto estragado?

b) Caso a resposta tenha sido afirmativa, ela reclamou na casa comercial onde fez a compra? Conseguiu receber o dinheiro de volta ou trocar o produto?

c) Na sua cidade existe algum órgão de defesa do consumidor, como o Procon?

Procon: órgão responsável pela coordenação e execução da política de proteção, amparo e defesa do consumidor.

Lembre que:

- No campo, o trabalho se desenvolve na agricultura e na pecuária.
- Na **agricultura**, as pessoas preparam a terra, plantam, cuidam da plantação e colhem.
- A **pecuária** é a criação de animais, como bois, cavalos, porcos etc. A criação de aves (como galinhas, codornas, patos, perus etc.) chama-se **avicultura**.
  – O dono do gado é o pecuarista.
  – Aquele que trabalha com os animais é o peão, o boiadeiro ou o retireiro.

16. Responda:

a) Quem são as pessoas que trabalham na pecuária?

48

b) Em sua opinião, como é o trabalho no campo?

17. Escreva o nome:

a) de alguns produtos que são vendidos pela zona urbana (cidade) para a zona rural (campo).

b) de alguns produtos que vão da zona rural para a zona urbana.

18. Leia:

- Todos precisam se preocupar em proteger as crianças da exploração e da crueldade por parte de pessoas maldosas.
- É obrigação das autoridades criar condições para as crianças só precisarem trabalhar depois de uma idade mínima.
- A criança não pode ter empregos ou ocupação que prejudiquem sua saúde, educação ou seu desenvolvimento moral e mental.

ONU. Os Direitos da Criança. São Paulo: Ática, 1990.

Agora responda:

a) Você conhece alguém que esteja desempregado?

☐ Sim ☐ Não

b) Por que essa pessoa está desempregada?

49

c) Por que as pessoas perdem o emprego?

d) Por que algumas pessoas demoram tanto para encontrar um novo emprego?

e) O desemprego acontece apenas na zona urbana?

f) Troque ideias com seus colegas e sua professora sobre a questão do desemprego em nosso país.

BLOCO 6

CONTEÚDO:
- As diversões

Lembre que:

- Nas cidades, há muitas formas de uma pessoa se divertir: cinemas, teatros, museus, jardins zoológicos, estádios esportivos, concertos ao ar livre, piscinas, praias (nas cidades litorâneas), televisão, emissoras de rádio etc.

- No campo, as pessoas se divertem pescando, andando a cavalo, nadando nos rios, indo a vaquejadas (ou participando delas), rodeios, bailes etc.

- As pessoas também podem se divertir, tanto no campo quanto na cidade, lendo bons livros, realizando passeios a pé, conversando, fazendo algum tipo de coleção etc.

1. Responda:

a) Como você gosta de passar as suas horas vagas?

b) Você costuma se divertir? Como?

c) Como é o lugar onde você costuma se divertir?

2. Escreva sobre as pessoas que costumam participar das suas diversões.

3. Como as pessoas que moram com você se divertem?

4. Escreva o que você faz para se divertir quando chove ou quando não pode brincar fora de casa.

5. Reúna-se com seus colegas, façam uma pesquisa e produzam um cartaz que represente as diversões:

a) no campo.
b) à beira-mar.
c) na cidade.

6. Desenhe ou cole imagens que mostrem algumas formas de diversão oferecidas no seu bairro.

BLOCO 7

CONTEÚDO:
- Os meios de transporte

Lembre que:

- Os meios de transporte servem para transportar pessoas e mercadorias de um lugar para outro.
- São meios de transporte: carro, trem, ônibus, barco, avião, cavalo, bicicleta etc.
- Os meios de transporte podem ser:
  - **terrestres**: são aqueles que se movimentam por terra, como o automóvel, o trem, o caminhão, a bicicleta, o metrô, a carroça etc.
  - **aéreos**: são aqueles que se movimentam pelo ar, como o avião, o helicóptero.
  - **aquáticos**: são aqueles que se movimentam pela água, como o navio, a canoa, a lancha, o iate, a jangada, a balsa.
- O ônibus, o trem e o metrô são chamados de transportes coletivos porque levam muitas pessoas ao mesmo tempo.

1. Dê exemplos de meios de transporte e escreva para que servem:

2. Como podem ser os meios de transporte?

3. Escreva o nome dos meios de transporte que:

a) poluem o ar.

b) não poluem o ar.

4. Ligue o meio de transporte ao profissional que o dirige e depois ao local de onde ele parte:

trem •   • motorista •   • aeroporto

navio •   • piloto •   • estação ferroviária

ônibus •   • maquinista •

                                        • cais do porto

avião •   • timoneiro •

                                        • estação rodoviária

5. Para que servem os seguintes meios de transporte?

a) ônibus

b) caminhão

6. Dê exemplos de:

a) transportes coletivos.

b) transportes de uso individual.

7. Dos meios de transporte abaixo, circule aqueles que são mais comuns onde você mora.

> trem - ônibus - barco - metrô
> carro de boi - avião - trator
> navio - motocicleta - jangada
> helicóptero - bicicleta - carro
> caminhão - cavalo - carroça

8. Escolha um meio de transporte que você usa para ir à escola, ao centro da cidade, de um bairro para outro ou para passear e faça o desenho dele.

9. Pesquise e anote quais eram os meios de transporte usados em outras épocas. Cole figuras se possível.

Lembre que:

- Trânsito é o movimento de pedestres e de veículos nas ruas, avenidas e estradas.

- Para organizar o trânsito e dar segurança aos pedestres, existem:

    – guarda de trânsito: organiza o movimento de veículos e pedestres.

    – as faixas de pedestres: estão indicadas com listras brancas pintadas no chão das ruas e estradas. Os veículos devem parar antes da faixa e os pedestres devem atravessar onde elas existirem.

    – semáforo, sinaleiro ou farol: controla a passagem de veículos e pedestres.

    – sinais de trânsito: orientam os motoristas na direção de seus veículos.

10. O que é trânsito?

11. Cite três cuidados que devemos ter para evitar acidentes.

12. O que você sabe sobre as leis de trânsito?

13. Pesquise e escreva o que cada uma destas placas de trânsito indica:

Agora faça uma pesquisa por onde você passa diariamente e escreva os sinais de trânsito que você encontra pelo caminho.

14. Quais são as pessoas da sua família que dirigem? Elas costumam obedecer aos sinais de trânsito?

15. Observe o trânsito em frente à sua escola, na hora da entrada ou da saída. Os motoristas obedecem à sinalização? Os pedestres obedecem às regras de trânsito? Escreva o que você viu de certo e de errado.

a) Certo

b) Errado

16. Por que as pessoas precisam usar cinto de segurança nos automóveis?

17. Você sabe para que servem as faixas exclusivas para pedestres?

18. O que deve fazer um guarda de trânsito?

19. Pesquise e cole aqui uma reportagem sobre o trânsito em sua cidade.

Jogo do trânsito

Instruções
- Reúna-se a dois ou mais colegas para jogar.
- Inicia o jogo quem tirar o maior ponto no dado.
- Avance o número de casas de acordo com os pontos tirados no dado.
- Respeite todos os obstáculos que aparecem na pista.
- Vence o jogo quem chegar primeiro ao final do percurso.

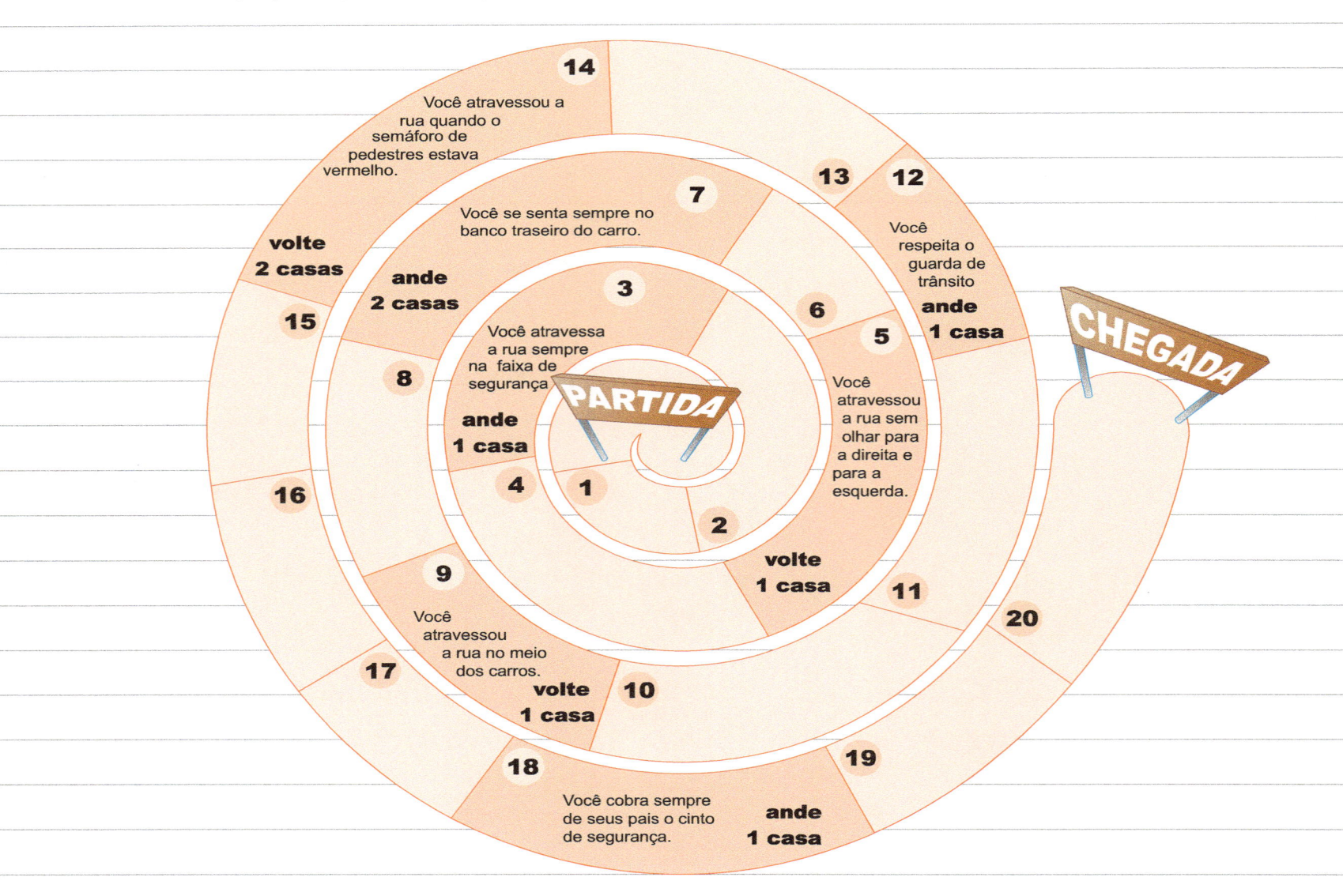

BLOCO 8

CONTEÚDO:
- Os meios de comunicação

Lembre que:

- As pessoas trocam ideias, dialogam, conversam, trocam mensagens e informações a todo momento. Para isso, fazem uso de diversos meios de comunicação.

- Há vários tipos de comunicação:
    - A **comunicação oral** é feita pela conversa direta, pelo telefone, pelo rádio etc.
    - A **comunicação escrita** é feita por cartas, mensagens de texto, telegramas, fax, correio eletrônico, revistas, livros, jornais etc.
    - A **comunicação oral e visual** é feita pelo cinema, pela televisão, pelo teatro, pela internet etc.
    - A **comunicação por meio de sinais** é utilizada por deficientes auditivos.

1. Responda:

a) Por que os meios de comunicação são importantes?

b) De quais formas podemos nos comunicar?

2. Classifique o tipo de comunicação (oral, escrita ou oral e visual) realizada pelos meios de comunicação abaixo.

a) rádio -

b) carta -

c) televisão -

d) livro -

e) telefone -

f) teatro -

g) telegrama -

h) jornal -

i) cinema -

3. Marque os meios de comunicação com que você já teve contato:

- ☐ livro
- ☐ cinema
- ☐ jornal
- ☐ telefone
- ☐ carta
- ☐ rádio
- ☐ computador
- ☐ televisão
- ☐ revista

4. Destes, qual você considera mais importante? Por quê?

5. Escreva o nome:

a) do programa de televisão de que você mais gosta.

b) de uma estação de rádio de sua cidade.

c) de um livro que você já leu.

d) de um jornal da sua cidade.

e) de uma revista que sua mãe gosta de ler.

f) de uma peça teatral a que você já assistiu.

g) de um cinema da sua cidade.

6. Complete as frases com o nome dos meios de comunicação. Em seguida, desenhe esses meios de comunicação.

a) Gabriela e seus colegas assistem todas as tardes à _____.

b) Maria Clara pegou o _____ e ligou para Carolina.

c) O pai de Maria Clara acorda cedo e aproveita para ler o _____.

d) Marcelo escreveu uma _____ para seu amigo João, que mora em Recife.

e) Rodrigo é deficiente auditivo e utiliza as _____ para se comunicar.

f) Amanda usou o _____ para enviar uma mensagem pelo correio eletrônico.

7. Observe uma correspondência e responda:

a) O que aparece escrito no carimbo da correspondência? Quando foi enviada?

b) O que está colado no envelope? Para que serve?

c) Para que serve o que está escrito na frente e atrás da correspondência?

8. Procure e anote os números dos telefones abaixo:

POLÍCIA _____

HOSPITAL _____

BOMBEIROS _____

FARMÁCIA _____

SOS CRIANÇA _____

Esses telefones são úteis à comunidade. É importante que todas as pessoas os conheçam.

BLOCO 9

CONTEÚDO:
- Orientação

Lembre que:

- Quando estamos em um lugar e queremos ir para outro lugar, precisamos saber que direção seguir.

- Há várias maneiras de nos orientarmos. Uma delas é pelo **Sol**.

- Prestando atenção no lado em que o Sol surge no horizonte (o **nascente**) e no lado em que ele se "põe" (o **poente**), podemos nos orientar.

- Se você estiver olhando de frente para o lado onde o Sol "nasce" – leste, atrás de você estará o lado oeste. À sua esquerda estará o norte e à sua direita estará o sul.

- Se você estiver olhando de frente para o lado onde o Sol "desaparece" – oeste, atrás de você estará o lado leste, à sua esquerda estará o sul e à sua direita estará o norte.

- Norte, sul, leste e oeste são chamados pontos cardeais.

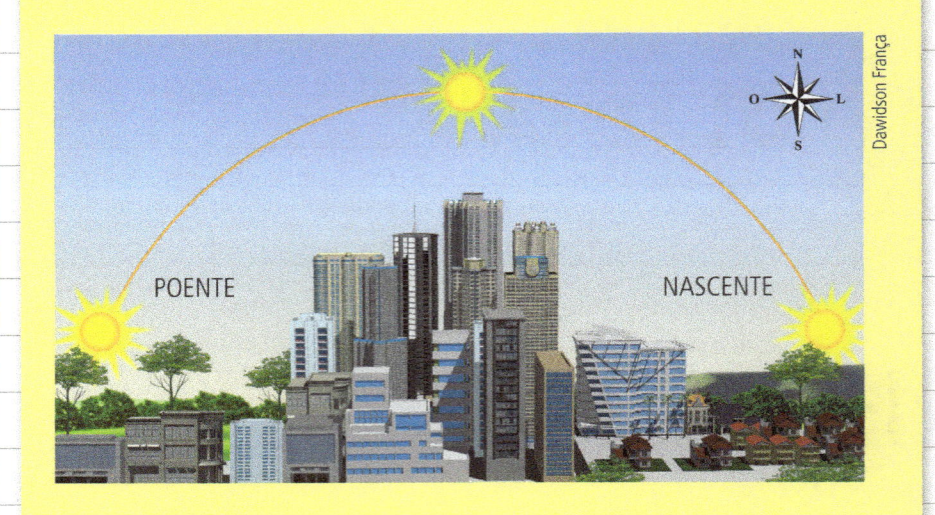

- Também podemos nos orientar pela constelação do **Cruzeiro do Sul**, um grupo de estrelas em forma de cruz.

- A **bússola** é um instrumento que serve para nos mostrar as direções.

1. Responda:

a) Em sua opinião, por que precisamos guardar nomes de ruas, praças, avenidas, edifícios conhecidos etc.?

b) Como podemos nos orientar olhando para o céu?

c) O que é nascente?

d) O que é poente?

e) Como devemos fazer para nos orientar pelo Sol?

67

f) Nas noites de céu estrelado, por qual constelação podemos nos orientar aqui no Brasil?

g) O que é bússola?

2. Procure localizar-se e responda:

a) Em relação ao Sol, em qual direção está a frente da sua casa?

b) Para que lado está voltado o fundo da sua casa?

3. Complete:

a) Uma outra forma de encontrar as direções é usando a _____.

b) A _____ é um instrumento usado nos _____ e _____ para facilitar a _____ durante a viagem.

4. Faça o desenho de sua casa e marque onde ela está localizada de acordo com o nascer e o pôr do sol.

5. Quais meios de orientação estas crianças estão utilizando?

6. Desenhe uma cruz com os pontos cardeais. Em seguida, desenhe: uma montanha ao Norte, um rio ao Sul, uma casa a Oeste e um campo a Leste.

BLOCO 10

CONTEÚDOS:
- Ambiente
- Relevo
- Vegetação
- Clima

- **nascente:** é o lugar onde um rio nasce;
- **leito:** é o lugar por onde correm as águas de um rio;
- **margens:** as terras que ficam de um e de outro lado do rio (margem esquerda e margem direita);
- **foz:** é o lugar onde um rio despeja suas águas.
- **Afluente:** rio que despeja suas águas em outro rio.
- **Lago:** grande quantidade de água que ocupa uma parte baixa do terreno.

Lembre que:

- **Ambiente:** é tudo aquilo que está ao nosso redor. Ele é formado pelas águas, pela vegetação, pelos animais, pelas terras, pelo ar etc.

- A maior parte da superfície da Terra é coberta por água e a maior parte dessa água é salgada.

- **Oceano:** grande extensão de água salgada.

- **Mar:** parte dos oceanos em contato com a terra.

- **Litoral:** é a faixa de terra banhada pelo mar. É no litoral que ficam as praias.

- A outra parte das águas é doce e é formada pelos rios, lagos e lagoas.

- **Rios:** curso de água corrente que se dirige para o mar, para um lago ou para outro rio.

Observe a ilustração abaixo, que indica as várias partes de um rio.

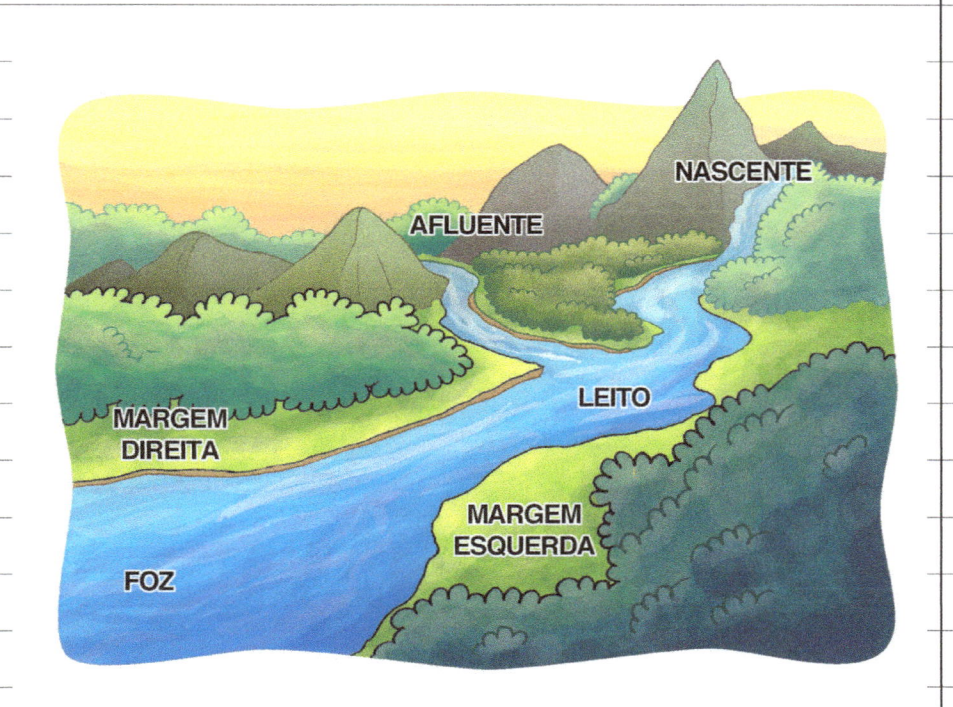

Os rios são importantes porque:

- fornecem peixes para a alimentação;
- fornecem água para abastecer as cidades e irrigar as plantações;
- servem para a navegação de barcos e navios;
- suas águas facilitam a produção de energia elétrica nas usinas hidrelétricas;
- servem para o lazer.

1. Complete:

a) Ambiente é _____.
Ele é formado _____, pela vegetação, _____, pelas terras, _____ etc.

b) A maior parte da superfície da Terra é coberta por _____.

c) A maior parte dessa água é _____ e forma os _____.

d) A parte dos oceanos que banha o litoral chama-se _____.

e) A outra parte das águas que cobrem a superfície da Terra é _____ e é formada pelos _____, _____ e _____.

f) O curso de água corrente que se dirige para o mar chama-se _____.

2. Complete:

a) O lugar onde um rio nasce é a _____.

b) _____ é onde correm as águas de um rio.

c) As margens são as terras que ficam _____ de um rio.

d) O lugar onde um rio despeja suas águas é a _____.

72

3. Em sua opinião, por que os rios são importantes?

4. Se no lugar em que você mora existirem rio, lago, lagoa ou mar, responda:

a) seu nome:

b) se fica longe ou perto do bairro em que você mora:

c) sua importância para o lugar:

5. Desenhe cenas que mostrem os seguintes usos da água:

a) para higiene;
b) para preparação de alimentos;
c) para molhar as plantas;
d) para o lazer;
e) para o fornecimento de peixes;
f) para a produção de energia.

a)	b)
c)	d)
e)	f)

Lembre que:

- A Terra é o **planeta** em que vivemos.

- A superfície da Terra é a parte onde vivemos.

- Ao conjunto das diferentes formas da superfície terrestre damos o nome de **relevo**.

- As **principais formas de relevo** são:

  – **planície**: terreno plano, às vezes com pequenas elevações;

  – **planalto**: terreno plano e mais alto que a planície;

  – **montanha**: grande elevação de terra;

  – **serra ou cordilheira**: conjunto de montanhas;

  – **monte**: média elevação de terra;

  – **morro ou colina**: pequena elevação de terra;

  – **vale**: região plana situada entre morros e montanhas;

  – **depressão**: terreno mais baixo que os terrenos que o cercam.

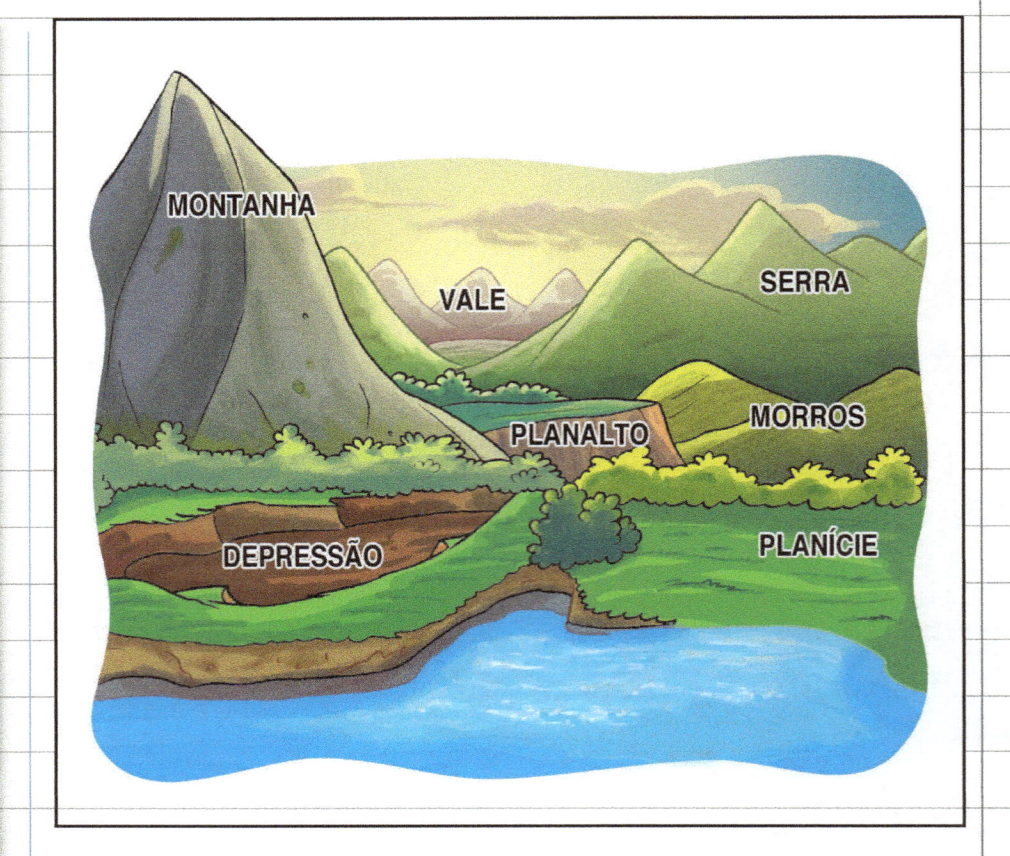

6. Responda:

a) O que é relevo?

b) Dê exemplos de três formas de relevo e as desenhe abaixo.

c) região plana situada entre morros e montanhas

d) terreno plano e mais alto que a planície

e) conjunto de montanhas

f) grande elevação de terra

7. Escolha no quadro a forma de relevo correspondente:

planície - planalto - morro ou colina - serra - vale - montanha

a) pequena elevação de terra

b) terreno plano, às vezes com pequenas elevações

8. Escreva como é o relevo do terreno (plano ou ondulado, da mesma altura, mais baixo ou mais alto que os terrenos que o cercam):

a) da sua casa

b) da sua escola

75

9. Identifique no desenho abaixo onde estão: montanha, vale, serra ou cordilheira, planalto, planície e depressão:

Lembre que:

- **Vegetação:** é o conjunto de plantas que nascem naturalmente em uma região.
- **Flora:** é o conjunto de espécies que cobrem uma região.
- **Plantas nativas:** são plantas que nascem sem o auxílio do ser humano.
- **Floresta:** é formada por árvores muito altas. Algumas são mais abertas e outras, úmidas, escuras e fechadas.
- **Campo:** é uma vegetação rasteira, que chamamos de capim ou grama.
- **Cerrado:** é composto de árvores baixas, de troncos retorcidos e por plantas rasteiras que crescem afastadas umas das outras.
- **Caatinga:** é formada por pequenas árvores, geralmente com espinhos. É típica de regiões onde chove pouco e a temperatura é elevada.
- **Mangue:** é constituído de plantas que crescem em terrenos alagados.

Importância das plantas

As plantas são muito importantes para todos os seres vivos. Elas contribuem para purificar o ar que respiramos, amenizam o clima de uma região e fornecem sombra.

Podem também ser utilizadas:

na alimentação

na fabricação de remédios

na fabricação de móveis

como abrigo de animais

como enfeite

na fabricação de tecidos e papéis

10. Responda:

a) O que é vegetação?

b) O que é flora?

c) O que são plantas nativas?

11. Quais são os tipos de vegetação? Cite características de cada um deles.

12. Observe as figuras e escreva que tipo de vegetação está representada em cada uma:

a)

b)

c)

d)

13. Comente, reescrevendo com suas palavras, o texto abaixo:

O ser humano deve tomar muito cuidado quando interferir na natureza. Se ele destruir uma floresta, pode modificar o clima da região. Quando isso acontece, os animais e os seres humanos sofrem.

14. Pesquise dois ou mais exemplos de plantas utilizadas pelo ser humano para transformar em:

a) medicamentos (xaropes, pomadas, tinturas etc.)

b) móveis

c) forro de casa, portas

d) tecidos

e) papel

f) cestos, corda

g) alimentação

Lembre que:

- As variações do tempo durante o ano em determinado lugar formam o **clima** desse lugar.
- Determinam o clima de uma região: a vegetação, a umidade do ar, a chuva, o vento, a temperatura.
- Nos lugares montanhosos, geralmente faz mais frio.
- O clima também varia de acordo com as estações do ano. A Terra faz os movimentos de:
  - **rotação:** gira em torno de si mesma, durante 24 horas, formando o dia e a noite.
  - **translação:** gira ao redor do Sol. Essa volta completa demora 365 dias.
- Em virtude do movimento de translação, o tempo varia de um lugar para outro e de uma época para outra. Essa é a origem das quatro estações do ano.
  - **verão:** de dezembro a março. É a estação do calor no hemisfério Sul.
  - **outono:** de março a junho. Não faz nem calor nem muito frio e as folhas das árvores tendem a cair.
  - **inverno:** de junho a setembro. É a estação do frio no hemisfério Sul.
  - **primavera:** de setembro a dezembro. É a estação das flores.
- Como o Brasil é muito grande, as estações não acontecem da mesma forma em todas as regiões.

15. Copie somente as afirmações corretas:

a) As variações do tempo durante o ano, em um determinado lugar, formam o clima desse lugar.

b) Nos lugares montanhosos, geralmente faz muito calor.

c) A vegetação, a umidade do ar, a chuva, o vento, o calor e o frio determinam o clima de um lugar.

d) O clima é sempre igual em todos os lugares.

16. Responda:

a) Como é o clima do lugar em que você mora?

b) O que você costuma fazer quando está muito calor? E quando está muito frio?

c) Quais são os nomes das estações do ano? Indique a estação em que nós estamos.

d) Qual é o movimento que a Terra faz e demora 365 dias?

17. O que é o movimento de translação? O que ele origina?

18. Preencha a segunda coluna de acordo com a primeira:

[1] verão   [ ] faz muito frio

[2] outono   [ ] nascem muitas flores

[3] primavera   [ ] faz muito calor

[4] inverno   [ ] as folhas das árvores tendem a cair

19. Complete:

a) A primavera começa no mês de _____.

b) O _____ tem início em dezembro.

c) O outono começa em _____.

d) O _____ tem início em junho.

81

20. Desenhe ou recorte de revistas figuras que representem as estações do ano.

BLOCO 11

CONTEÚDO:
- O ser humano modifica o meio em que vive

- As consequências são ruins: o ar e a água poluídos causam doenças, a derrubada de florestas provoca mudanças no clima, certas espécies de animais e vegetais desaparecem.

- Tudo isso pode ser evitado com planejamento e providências, como a instalação de equipamentos antipoluição nas indústrias e nos carros, o replantio de árvores derrubadas e o uso de técnicas adequadas para o cultivo do solo.

Lembre que:

- Para melhorar suas condições de vida, muitas vezes, o ser humano modifica a paisagem natural de um lugar.

- **Paisagem natural:** é constituída pelo relevo, pela vegetação, pelo clima, pelos rios e por outros elementos do ambiente sem interferência do ser humano.

- **Paisagem modificada:** é a paisagem natural transformada pelo ser humano. Por exemplo, a construção de casas, rodovias, túneis, barragens etc.

- Muitas vezes o ser humano faz modificações que prejudicam o meio em que vive. Ele contamina as águas dos rios, polui o ar, mata os animais, faz queimadas, derruba florestas. Por isso, algumas espécies de animais e vegetais desaparecem.

1. Responda:

a) Quais são os elementos que formam a paisagem natural?

b) Quem modifica a paisagem natural? De que forma?

83

2. Copie somente as afirmações corretas:

a) Nem sempre o ser humano sabe respeitar o meio em que vive.

b) O Sol, a água, o ar, as plantas são elementos naturais.

c) O ser humano nunca prejudica o meio em que vive.

d) A derrubada de árvores deve ser uma atividade planejada.

e) A paisagem natural não foi criada pelo ser humano.

3. Escreva três modificações na natureza que o ser humano faz para facilitar o seu transporte.

4. Em sua opinião, o que o ser humano pode fazer para não modificar de forma prejudicial a natureza?

5. Em sua opinião, por que é prejudicial para o meio ambiente derrubar florestas?

6. Observe os desenhos e escreva o que o ser humano construiu:

7. Escreva nas colunas os elementos da paisagem natural e as transformações feitas pelo ser humano na paisagem modificada:

Elementos da paisagem natural	Transformações feitas pelo ser humano

8. Imagine um mundo sem árvores e desenhe-o aqui.

85

BLOCO 12

CONTEÚDO:
- Festas e datas comemorativas

FESTAS E DATAS COMEMORATIVAS

Carnaval

Páscoa

Dia Nacional do Livro Infantil

Dia do Índio

Dia de Tiradentes

Dia do Descobrimento do Brasil

Dia do Trabalho

Dia das Mães

Festas Juninas

Dia dos Pais

Dia do Folclore

Dia da Pátria

Dia da Árvore

Dia da Criança

Dia do Professor

Proclamação da República

Dia da Bandeira

Natal

Carnaval

O Carnaval do Brasil é uma festa popular que acontece em fevereiro ou março e dura quatro dias.

O Carnaval brasileiro é considerado o mais bonito e animado do mundo.

Nessa festa, todos os foliões devem tomar cuidado para não exagerar nas brincadeiras e respeitar a alegria dos outros.

1. Faça um desenho sobre o Carnaval.

2. Procure palavras referentes ao Carnaval.

V	S	F	A	N	T	A	S	I	A
E	I	O	O	R	C	C	F	P	A
P	A	L	H	A	Ç	O	R	I	U
A	P	I	T	G	R	N	E	E	H
C	M	A	U	U	O	F	V	R	X
R	J	O	G	A	A	E	O	R	B
U	P	I	A	I	M	T	L	O	S
Z	U	E	L	E	D	E	M	I	A
M	O	N	T	E	P	A	S	C	M
E	Z	P	F	N	H	A	N	E	B
S	E	R	P	E	N	T	I	N	A
C	O	L	O	M	B	I	N	A	S

3. Como é comemorado o Carnaval em sua cidade? Escreva as informações abaixo.

87

Páscoa

Na Páscoa, os cristãos comemoram a ressurreição de Jesus Cristo. Segundo a Bíblia, Cristo morreu crucificado numa sexta-feira, ressuscitou (voltou a viver) três dias depois.

Alguns símbolos da Páscoa são: o pão, o vinho e a vela. Também são símbolos da Páscoa os ovos e os coelhos, porque representam nascimento e vida.

4. Qual é o significado da Páscoa para os cristãos?

5. Por que os ovos e os coelhos são símbolos da Páscoa?

6. Escreva o nome de outros símbolos da Páscoa.

7. Desenhe neste espaço alguns símbolos da Páscoa.

88

Dia do Livro – 18 de abril

José Bento Monteiro Lobato foi um grande escritor brasileiro.

Ele nasceu em Taubaté, cidade do estado de São Paulo, no dia **18 de abril de 1882**; por isso, nessa data, comemora-se o Dia do Livro.

Monteiro Lobato escreveu muitos livros para crianças e adultos.

Sua obra mais conhecida são as aventuras do **Sítio do Picapau Amarelo**, vividas pelos personagens de Dona Benta, Tia Nastácia, Emília, Narizinho, Pedrinho, Visconde de Sabugosa e Marquês de Rabicó.

8. Você conhece alguma das histórias de Monteiro Lobato?

9. Pesquise sobre a vida do grande escritor Monteiro Lobato e escreva o que achou mais interessante.

89

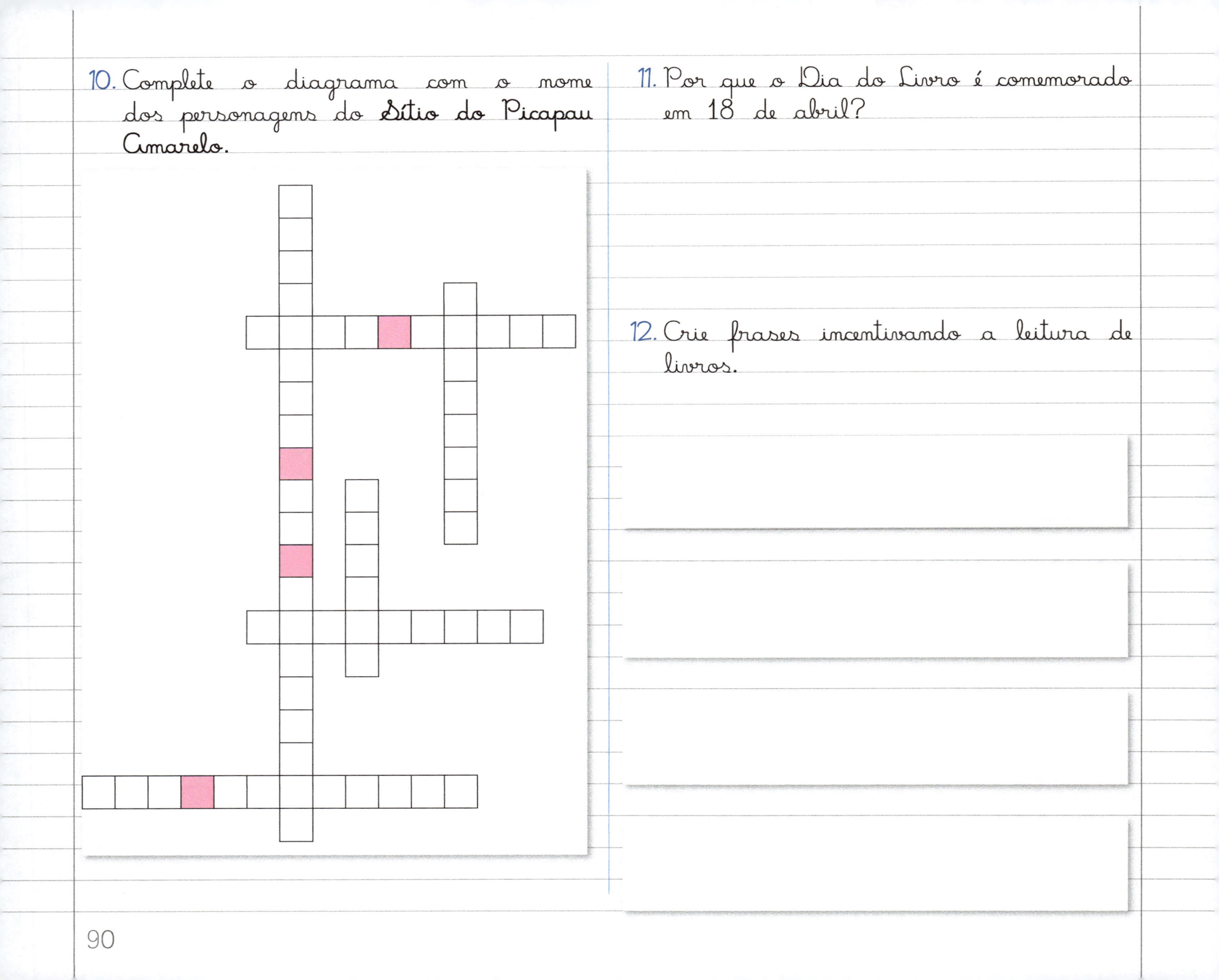

10. Complete o diagrama com o nome dos personagens do Sítio do Picapau Amarelo.

11. Por que o Dia do Livro é comemorado em 18 de abril?

12. Crie frases incentivando a leitura de livros.

Dia do Índio – 19 de abril

Os índios foram os primeiros habitantes do Brasil.

Eles vivem em grupos chamados tribos.

Os índios moram em cabanas chamadas ocas. Muitas ocas reunidas formam uma taba ou aldeia

Atualmente há poucas tribos indígenas no Brasil.

Algumas tribos mantêm seus costumes originais e preservam suas tradições, como as festas e as danças.

A Funai (Fundação Nacional do Índio) é uma organização do governo criada para defender os direitos do índio na sociedade.

13. Faça um desenho do lugar em que os índios vivem ou de algo que eles fazem.

14. Observe estas ilustrações e comente as diferenças entre elas.

Tiradentes – 21 de abril

Joaquim José da Silva Xavier, o Tiradentes, lutou e morreu para libertar o Brasil do domínio de Portugal. Ele tinha o apelido de Tiradentes porque trabalhava como dentista, entre outras ocupações.

Tiradentes e alguns companheiros organizaram, em Minas Gerais, um movimento para proclamar a independência, a **Inconfidência Mineira**.

O movimento foi delatado ao governo português.

Tiradentes foi enforcado no dia 21 de abril de 1792. Seus companheiros foram presos e alguns expulsos do Brasil.

Pintura representando Tiradentes.

15. O que foi a Inconfidência Mineira?

16. Quem foi Tiradentes? O que aconteceu com ele?

17. Por que Tiradentes tinha esse apelido?

18. O que aconteceu com os companheiros de Tiradentes?

19. Localize no mapa do Brasil o estado de Minas Gerais onde ocorreu o movimento da Inconfidência Mineira.

Dia da chegada dos portugueses ao Brasil – 22 de abril

Uma grande esquadra, comandada por Pedro Álvares Cabral, saiu de Portugal.

No dia **22 de abril de 1500**, os portugueses avistaram um monte que recebeu o nome de Monte Pascoal.

Ao desembarcarem, os portugueses encontraram uma terra povoada por índios. Inicialmente, pensaram que haviam descoberto uma ilha e deram a ela o nome de Ilha de Vera Cruz. Depois, mudaram o nome para Terra de Santa Cruz. Mais tarde, a terra passou a ser chamada de Brasil.

O nome Brasil foi escolhido por causa de uma madeira cor de brasa, de uma árvore chamada pau-brasil, da qual se extraía uma tinta vermelha que servia para tingir tecidos.

Pintura representando a chegada da esquadra de Pedro Álvares Cabral, em 1500, e o primeiro contato dos índios com os portugueses.

20. Em que data os portugueses chegaram ao Brasil?

21. Qual é a origem do nome Brasil?

22. Procure no diagrama palavras relacionadas à chegada dos portugueses ao Brasil:

V	S	A	P	N	R	G	E	N	T	I	N	P
E	I	B	O	R	C	A	B	R	A	L	O	Q
R	M	O	R	P	X	P	R	I	U	L	M	R
A	P	B	T	G	R	W	A	C	H	I	L	V
C	M	I	U	U	O	M	S	T	X	M	Z	G
R	J	O	G	A	A	N	I	P	B	R	I	X
U	P	I	A	I	M	A	L	D	I	Z	S	A
Z	U	E	L	E	D	B	M	I	N	G	C	I
M	O	N	T	E	P	A	S	C	O	A	L	U
E	Z	P	F	N	H	A	N	E	V	A	N	D
S	A	N	T	A	C	R	U	Z	I	N	M	A
T	H	R	A	D	E	M	T	E	S	O	U	M

Dia do Trabalho – 1º de maio

No dia **1º de maio** comemora-se o Dia do Trabalho.

É o dia em que são homenageados todos os trabalhadores.

Todas as pessoas dependem do trabalho de outras pessoas.

Precisamos das pessoas que plantam alimentos; que fazem as roupas, os sapatos e os livros; que cuidam da nossa saúde; entre outras coisas.

Todo trabalhador tem direito a um salário justo para garantir o sustento de sua família.

23. Escreva, depois de pesquisar, alguns direitos que os trabalhadores têm.

24. Na sua opinião, qual é a importância do trabalhador para o país?

25. Recorte de jornais e revistas e cole no espaço abaixo duas figuras que representem profissões. Depois, escreva o nome dessas profissões e qual é a função delas.

Dia das Mães

O Dia das Mães é comemorado no **segundo domingo de maio.**

26. Faça um desenho e escreva um bilhete para a sua mãe. Diga quais são as coisas que ela faz que deixam você feliz.

27. Pesquise e copie um poema que fale do tema "mãe".

Libertação dos escravos – 13 de maio

Os portugueses trouxeram muitos negros da África para trabalhar como escravos no Brasil.

Eles eram vendidos como mercadorias aos donos de fazendas.

Os africanos escravizados trabalhavam muito e eram castigados.

Muitos fugiram e passaram a viver em quilombos (povoados no meio da mata), onde eram livres.
O mais famoso foi o Quilombo dos Palmares, que era liderado por Zumbi e ficava no atual estado de Alagoas.

Alguns brasileiros iniciaram uma campanha para que os africanos escravizados fossem libertados. Eram chamados de **abolicionistas**.

No dia **13 de maio de 1888**, a princesa Isabel, filha do imperador D. Pedro II, assinou a **Lei Áurea**, que acabou com a escravidão no Brasil.

Pintura representando africanos escravizados no porão de um navio.

28. De onde vieram as pessoas escravizadas?

29. Como elas eram tratadas?

30. Quem assinou a Lei Áurea? Por quê?

31. Em que data a Lei Áurea foi assinada?

32. O que eram quilombos? Qual foi o mais famoso e onde ficava?

33. Quem foi Zumbi?

Dia Mundial do meio ambiente – 5 de junho

Todos os seres vivos dependem do meio ambiente. O ar que respiramos, a água que bebemos, a terra onde plantamos são recursos naturalmente encontrados no meio ambiente.

Os desmatamentos, a poluição da água e do ar são ameaças constantes ao equilíbrio do meio ambiente, pois provocam mudanças no clima, doenças e a extinção de algumas espécies animais e vegetais.

É necessário que todos tenham consciência da importância de preservar o meio ambiente.

34. Responda:

a) Por que os seres vivos precisam do meio ambiente?

b) O que desequilibra o meio ambiente?

35. Dê uma sugestão para solucionar o problema da poluição:

a) da água

b) do ar

36. O que devemos fazer para preservar o meio ambiente?

37. Escreva dentro do quadro um alerta para que as pessoas ajudem a preservar o meio ambiente.

98

Festas juninas

No mês de junho comemoramos as chamadas festas juninas. São elas: **Santo Antônio** (dia 13), **São João** (dia 24) e **São Pedro** (dia 29).

Nesses dias, as pessoas se vestem com roupas coloridas, dançam quadrilha e comem pratos típicos, como: milho-verde assado ou cozido, canjica, pé de moleque, pamonha, bolo de milho etc.

Nas festas juninas devemos evitar fogueiras e balões, que são perigosos e podem causar acidentes.

Festa junina em Caruaru, Pernambuco, 2012.

38. Escreva como são comemoradas as festas juninas em sua cidade:

a) as melhores danças

b) as comidas típicas

c) as brincadeiras

d) as canções mais tocadas

39. Em grupo, façam um cartaz que mostre uma festa junina com bandeirinhas, pratos típicos, danças etc.

99

Dia dos Pais

No **segundo domingo de agosto** comemoramos o Dia dos Pais.

Leia o poema:

PAI DOS OUTROS – PAI DA GENTE

Pai é aquele
que ralha com a gente
que chora com a gente
que pensa na gente.

Pai é aquele
que vem e vai trabalhando
que acorda e dorme pensando
pensando no sonho da gente.

Pai que é velho, pai que é novo
Pai de verdade ou pai emprestado
Pai que veio antes ou chegou depois
Pai que ama e é amado.

Pai dos outros e pai da gente
Pai-avô, pai-tio, pai-papai.
Pai de verdade é sempre aquele
que mesmo em sonho
está presente.

R. F. Vianna

40. Procure no dicionário o significado do verbo **ralhar** e assinale a alternativa correta.

a) ☐ Pai é aquele que se diverte com a gente.

b) ☐ Pai é aquele que se zanga e que repreende.

c) ☐ Pai é aquele que faz tudo que a gente quer.

41. Como é o seu pai?

☐ novo ☐ de verdade

☐ velho ☐ emprestado

☐ pai-avô ☐ pai-tio

☐ pai-papai ☐ pai dos outros

42. Procure no calendário em que dia do mês de agosto será comemorado o Dia dos Pais.

100

Dia do Folclore – 22 de agosto

Folclore é o conjunto de tradições de um povo, como provérbios, contos, canções, lendas, costumes, danças, adivinhações etc.

Fazem parte do folclore brasileiro:
- brincadeiras de roda, cirandas ou cantos;
- vaquejadas, reisados, festas juninas, Carnaval, Círio de Nazaré etc.;
- folguedos como maracatu, bumba meu boi, congadas, quadrilha etc.;
- lendas como as do Negrinho do Pastoreio, do Saci, do Caipora, da Vitória-régia, da Mandioca, das Amazonas etc.

As crendices populares ou surperstições também fazem parte do folclore.

43. Na sua opinião, o que é folclore?

44. Trava-línguas são versos repetidos bem rápido. Tente dizer sem parar:

Porco crespo e toco preto.
Toco preto e porco crespo.

Escreva outro trava-língua que você conheça.

45. Os ditados populares ou provérbios também fazem parte do nosso folclore. Leia o provérbio a seguir e, depois, escreva outros que você conheça.

Quem sai na chuva é pra se molhar.

46. Vamos ilustrar alguns provérbios do nosso folclore.

> Mais vale um pássaro na mão do que dois voando.

> De grão em grão a galinha enche o papo.

47. Pesquise sobre nosso folclore e escreva:

a) uma superstição

b) o nome de uma brincadeira

c) o nome de uma comida típica

d) o título de uma lenda

e) o nome de um folguedo

48. Em sua cidade, é comemorada alguma festa folclórica? Qual?

102

Independência do Brasil – 7 de setembro

Depois que os portugueses chegaram ao Brasil, nosso país passou a pertencer a Portugal. Muitos brasileiros lutaram e morreram para que o Brasil fosse um país independente.

O rei de Portugal, D. João VI, morou por algum tempo no Brasil e, quando foi embora, deixou seu filho, D. Pedro, como príncipe regente.

No dia **7 de setembro de 1822**, D. Pedro recebeu mensagens, vindas de Portugal, que aumentavam o domínio daquele país sobre o Brasil. Ele estava, nesse momento, às margens do Riacho Ipiranga, em São Paulo, e gritou para seus soldados: "Independência ou morte!" Desde esse dia, o Brasil tornou-se um país independente.

O príncipe D. Pedro foi coroado como o primeiro imperador do Brasil e passou a chamar-se Pedro I.

HINO DA INDEPENDÊNCIA

Música de Evaristo Ferreira da Veiga
Letra de D. Pedro I

Já podeis da Pátria filhos,
ver contente a mãe gentil;
Já raiou a liberdade
No horizonte do Brasil. } bis

Brava gente brasileira!
Longe vá temor servil!
Ou ficar a Pátria livre,
Ou morrer pelo Brasil. } bis

Os grilhões que nos forjavam
Da perfídia astuto ardil:
Houve mão mais poderosa,
Zombou deles o Brasil. } bis

Brava gente brasileira!
Longe vá temor servil!
Ou ficar a Pátria livre,
Ou morrer pelo Brasil. } bis

Não temais ímpias falanges,
Que apresentem face hostil:
Vossos peitos, vossos braços
São muralhas do Brasil. } bis

Brava gente brasileira!
Longe vá temor servil!
Ou ficar a Pátria livre,
Ou morrer pelo Brasil. } bis

Parabéns, oh! brasileiros.
Já com garbo juvenil,
Do universo entre as nações
Resplandece a do Brasil. } bis

Brava gente brasileira!
Longe vá temor servil!
Ou ficar a Pátria livre,
Ou morrer pelo Brasil. } bis

49. O que os brasileiros fizeram para conseguir a Independência do Brasil?

50. Quem proclamou a Independência do Brasil? Em que data? Onde?

51. Leia o Hino da Independência, sublinhando as palavras do vocabulário:

Ardil: malícia, truque.
Astuto: esperto.
Falanges: tropas.
Forjava: fabricava.
Garbo: elegância.
Grilhões: algemas, prisões.
Horizonte: lugar onde o céu parece juntar-se ao mar ou à terra.
Hostil: inimiga.
Ímpias: cruéis, más.
Perfídia: traição.
Raiou: brilhou.
Resplandece: brilha muito.
Servil: submisso.
Temor: medo.
Zombou: deu risada.

52. Observe o quadro acima. O que ele representa?

53. Escreva um poema sobre independência:

54. Agora, ilustre o seu poema e pinte-o.

Dia da Árvore – 21 de setembro

As árvores trazem muitos benefícios para os seres humanos.

Também servem de abrigo para animais.

No Brasil, há muitos tipos de árvores diferentes. Mas a derrubada descontrolada de árvores já fez desaparecer espécies.

Há pessoas que lutam pela preservação das plantas, dos animais e de toda a natureza. São os ecologistas. E todos nós devemos ajudar na preservação.

Vamos começar: plante uma árvore!

A IDADE DAS ÁRVORES

Existe um meio para saber a idade de uma árvore. A cada ano surge uma nova camada de madeira logo abaixo da sua casca. Daí, para saber a idade dela, é só contar quantos anéis de madeira formam o tronco.

Revista *Recreio*, nº 5.

55. Observe este cartaz:

Não destrua as árvores!

Dê sua opinião sobre o assunto.

56. Que tal você e sua turma confeccionarem cartazes em sala de aula para uma exposição sobre a preservação das árvores?
Vamos lá, a natureza agradece!

106

Dia da Criança – 12 de outubro

No dia 12 de outubro comemoramos o Dia da Criança.

A criança necessita de amor e compreensão para o desenvolvimento pleno e harmonioso de sua personalidade.

No Brasil, existe uma lei sobre os direitos da criança, o Estatuto da Criança e do Adolescente, que diz que todas as crianças têm direito à educação, à moradia, à alimentação e à saúde. Mas ainda existem muitas crianças fora das escolas, vivendo nas ruas, sofrendo de desnutrição e sendo exploradas no trabalho infantil.

57. O que você entende por:

a) ter direitos.

b) ter deveres.

58. Escreva sobre você:

a) um direito

b) um dever

59. Na sua opinião, os direitos da criança têm sido respeitados?

60. E as crianças, costumam cumprir seus deveres?

Dia do Professor – 15 de outubro

O dia 15 de outubro é dedicado ao professor.

É o professor quem nos ensina a ler, a escrever, a calcular e a conhecer melhor o mundo em que vivemos. O professor é muito importante para a educação e para o futuro do país.

Parabéns, professores!

61. Escreva um bilhete, um cartão ou faça um desenho para o seu professor.

62. Faça um acróstico, usando o nome de sua professora. Observe o exemplo:

```
A   M   I   G   A
C   A   R   I   N   H   O   S   A
C   R   I   A   T   I   V   A
    I   N   T   E   L   I   G   E   N   T   E
O   R   G   A   N   I   Z   A   D   A
```

63. Agora é sua vez!

Proclamação da República – 15 de novembro

Depois da Independência, em 1822, o Brasil passou a ser governado por imperadores.

Os brasileiros queriam ter um presidente eleito pelo povo e começaram a fazer campanha pela República, forma de governo em que o povo escolhe seus representantes.

Em 15 de novembro de 1889, no Rio de Janeiro, o marechal Deodoro da Fonseca proclamou a República no Brasil. Ele foi também o primeiro presidente do nosso país.

64. O que fez o marechal Deodoro da Fonseca?

65. Em que data e lugar foi proclamada a República?

66. Escreva o que é a República.

Dia da Bandeira Nacional – 19 de novembro

No dia 19 de novembro comemoramos o Dia da Bandeira.

A Bandeira Nacional é um dos símbolos da nossa Pátria. Suas cores são verde, amarelo, azul e branco.

A legenda "Ordem e Progresso" foi criada por Benjamin Constant.

As estrelas representam os Estados e o Distrito Federal.

Existem regras para o uso da Bandeira, todas elas definidas por lei. Vejamos algumas delas:

- Em datas cívicas a Bandeira deve ser hasteada às 8h e recolhida às 18h.
- Em dias de luto oficial, deve ser hasteada até a metade do mastro.
- No Dia da Bandeira, deve ser hasteada às 12h com solenidade.
- Quando não estiver hasteada, deve ser mantida em lugar de honra.
- Durante um desfile ou uma procissão, deve ir à frente das demais, em posição de destaque.
- Nas escolas, deve ser hasteada pelo menos uma vez por semana.

A maior bandeira hasteada atualmente é a de Brasília, capital federal. Mede 70 m x 100 m e, com tais dimensões, torna-se muito pesada, necessitando de um mastro reforçado para suportá-la.

67. Responda:

a) Quais são as cores da Bandeira brasileira?

b) O que está escrito na Bandeira brasileira?

c) O que representam as estrelas?

d) Em sua opinião, qual o significado da legenda da nossa Bandeira?

68. Desenhe a Bandeira Nacional e pinte-a com suas cores:

Natal – 25 de dezembro

É uma festa religiosa, no dia 25 de dezembro, na qual comemoramos o nascimento de Jesus Cristo.

O mais importante na festa de Natal é lembrar a lição que Jesus nos ensinou: todos devem amar e respeitar uns aos outros.

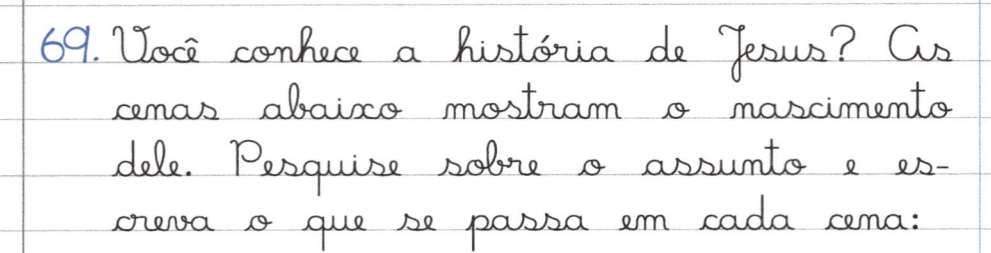

69. Você conhece a história de Jesus? As cenas abaixo mostram o nascimento dele. Pesquise sobre o assunto e escreva o que se passa em cada cena: